DOCUMENTS INÉDITS

CONCERNANT

LA GUYENNE

(1re SÉRIE)

PUBLIÉS PAR

LE COMTE DE SAINT-SAUD

DANS LE TOME XXIXe DE LA SOCIÉTÉ DES ARCHIVES HISTORIQUES DE LA GIRONDE.

BORDEAUX

IMPRIMERIE G. GOUNOUILHOU

11 — RUE GUIRAUDE 11

1895

DOCUMENTS INÉDITS

CONCERNANT

LA GUYENNE

(1re SÉRIE)

PUBLIÉS PAR

LE COMTE DE SAINT-SAUD

DANS LE TOME XXIXo DE LA SOCIÉTÉ DES ARCHIVES HISTORIQUES DE LA GIRONDE.

BORDEAUX

IMPRIMERIE G. GOUNOUILHOU

11 — RUE GUIRAUDE — 11

1895

DOCUMENTS INÉDITS

CONCERNANT

LA GUYENNE

(1re SÉRIE)

PUBLIÉS PAR

LE COMTE DE SAINT-SAUD

DANS LE TOME XXIXe DE LA SOCIÉTÉ DES ARCHIVES HISTORIQUES DE LA GIRONDE.

BORDEAUX

IMPRIMERIE G. GOUNOUILHOU

11 — RUE GUIRAUDE — 11

1895

DOCUMENTS CONCERNANT LA GUYENNE

Coneguda causa sia qu'el senhor Bernard de Segur, cauoers de Puynor man (1), de sa bona et agradabla boluntat, no forsats ni constreits... certans de son fait plenerament et instruyt, en la presencia de Jacmo Picart, notari de Vilafranca (2), et dels testimonis plus bas escriuts, ad asso appelatz especialment et pregatz, a emancipat Bernart de Segur son filh et de la dona na Marquesa sa molher; et delligans de pairenal poder et l'a fait establir de sa propria, franca, sola et dominia condition, et l'a donat et luy deit plener poder et especial mandement d'estar à dreit et en jutgement en tota court et deuant totz petges et cade jutge ecclesiastec et seglar, de demandar et de deffendre sos dretz, de bendre et de comprar, de donar, de distraire et d'allenar de sos bes segont que lo dit Bernard conoistra que obs luy sera, et deu far tota autra maneyra de contratement que certans et bertaders senhors d'ostal et paires de maynada pot ni deu far ni requer especial mandement; et a donat et autreiat et dona et autreia al dit Bernard, son filh, et à ses hers et à son orden en pura, certana et bertadeira donation facta am solempna stipulacion simplement entra los bious, non fincta, ni cuberta, ni reuocadeira en degun temps, per deguna desagradabletat, tot lo dreituratge, la proprietat, la senhoria, l'action et lo deuer que et auer ni auer deue ni auer podo per qualque dreit ni per qualque raizon, en lo castet et en la honor de Puynorman, sian terras, binhas, prat, maysons, cazal, boscs, landas, oblias, homeijas, quint, esporle,

mosnat, molin, aygals, estânc, estancat, o autras causas qualque sian, ni
per qualque nom puscan esser apelat o entendut per clerc o per laic. Et
l'en a fait certan et bertader senhor et establit son certan et bertader
peroter in integre, et l'en a mis en bera et corporal possession, de dit et
de fais amb aquesta et facta cession del tot, et que a promis et conbengut,
sos obligation de totz sos bes mobles et non mobles presens et auenidors,
et jurat sober S. Euangelis Deu, corporalement tocat lo libre _________.
Retengut tant solament al dit cauoer los usufructs dels predicts bes à sa
simple bita, sinos que non de'n aucun dels prediclz bes bendre ni engatgear
ni alienar ses boluntat ni ses consentement del dit Bernard son filh.

Loquau renuncie et a renuntiat en aquest fait en bertut del predit
sagrement à tota ayuda de droit canon et ciuil escriut et non escriut, pro-
mulgat et à promulgar, fait et à far, et à tota exception, deception de
fraude, de bauzia et d'engan, et à tot priuilegi de crotz priza et à prendre,
et al droit qui di que donations, sobre myans la balor de cinqcens deners
d'aur, pot esser reuocada per immensitat, si non era faita amb insinuation
de prinpee.....

..... Laqual predicta donation lo susdit cauoers a faita et fay al dit
Bernart de Segur son filh et à sos hers, et à son orden, salbas las senho-
rias et los droitz dels senhors de qui lo predit be movent, als fors et à las
costumas de Bordaleis, als quals predicts senhors et à cadun desquals
predicts senhors, especialment al noble et onorable baron al senhor en
Alexandre de La Pebrea, cauoer, senhor de Puynorman, lo dictz senhor
Bernars de Segur, cauoer, supplica et requer que, non contrastant l'ab-
sencia del dit senhor Bernart de Segur, cauoer, ressepehant lo dit Bernard
de Segur, son filh _________ et requere à muy predit notari que d'aisso
fesetz, et detz carta al dit Bernard son filh, à laqual carta lo dit Bernard,
cauoers, promis appauzar et metre son propre sajet por maior fermetat et
en testimonialge de bertat. Loquel predit sajet appauzat o non appauzat,
effassat o non effassat, lo dit senhor Bernard de Segur, cauoers, bol et
autreya que aquesta carta aia perpetual fermetat et perdurable balor. Et
ei predictz notari io ey publiat et mis in publica forma apelatz et pregatz.

Actum fuit n° die exitus decembris anno Domini m° cc° xc° octavo,
regnante Philippo, Dei gratia rege Francorum, Audeyno episcopo Petra-

gorieensi. Testes sunt, dominus Poncius Espleitat, miles; Bertrandus de
Labrea et Helias Claverii, clerici; Bertrandus Claverii; Guilhelmus Fro-
matge; Guilhelmus de Rivo; Helias Ricardi; Arnaldus de Gorsanio;
Arnaldus Ayrardi; et ego prefatus notarius qui hanc cartam scripsi,
signoque meo consueto signavi, rogatus.

(¹) Puynormand, commune du canton de Lussac, appartenait à cette époque au dio-
cèse de Périgueux et était considéré comme du Périgord.
(²) Villefranche de Longchapt, canton de la Dordogne.

BAIL à fief par Pons de Ségur, seigneur des Francs, de terres à Tayac, en Puynormand.

27 Novembre 1319.

Archives de M. le marquis de Ségur.

Coneguda causa sia que en Pons de Ssegur, donzetz de Franxs, per
si et per toz los seos, a donat et autreyat a ffeas, als fors et à las costumas
de Bordales heretalment per tots temps, à Arnaud Ebrart et à W. e à Pey
Delmayne fraires, e à P. Delmayne de la parossia de Tayhac (¹) et à lors
hereters et à lor ordenh, heretalment per totz temps, tot aquet trens de
terra et de bosc, am ssos entrars et am sos yssyrs e am toz sos autres
apartenements, qui es à Tayac, entre lo cami public que mena de Puynor-
mant à Castelhon, d'una part; et la terra de Bernard Robbert de La
Binha, donzet d'au[tre part]; entre la cauza del dyt Arnaud Ebrart d'autro
part; e la cauza del dyt P. Delmayne d'autro part; e los en a bestit here-
talment per totz temps, sues assaber : lo dyt Arnaud Ebrart de la terssa
part, e los dyts fraires de l'autra terssa part, e lo dyt P. Delmayne de
l'autra terssa part, per ш deners de la moneda corante en Bourdeu d'es-
porle redeus à ssenhor [mudant] e a muda de hereters, e per ш sotz de
la dyta moneda d'oblius redeus cad'an à l'estar del dyt donzet..... à bespra
de Sancta Maria d'aost, e los en a mes en beraya e corporal possescion,
e saisina e promes e conbengut esser..... bons senher, e portar bona et
ferma garentia de totz emparadors e de tos demandadors de..... part
onhorias, salbas sas senhorias e salps sos droits en aquesta carta menta-

guts, e ytals eudeit senher..... am sobre ssos affouuats als fors e à lus costumas de Bordales, e de aysso sian faytas doas cartas d'una tenor, al dyt donzet una, e als dyts tenenssiers autra.

Actum fuit hoc iiie die exitus novembris anno Domini m° ccc° xix°; regnante Eudoardo, rege Anglie, duce Aquitanie; Arnaldo archiepiscopo Burdigalense. Testes sunt : Ch. Espleytat; Bertrandus de Lussac; H. Espleytat, donzet; H. Castet, mio... H. Delper, dyagues; H. Clau...; e Helius Gaussem, notaris de Villafranca e de Puynormant qui la carta escrius.

<hr>

(¹) Tayac, commune du canton de Lussac-de-Libourne.

<hr>

31 Décembre 1332. **RECONNAISSANCE** féodale d'une terre, située à Saint-Étienne de Lisse, au lieu appelé le Mayne, moyennant 5 deniers d'esporle à mouvance de seigneur et de feudataire, en faveur de Pons de Ségur, damoiseau, fils et héritier de Bernard de Ségur.

Archives de M. le marquis de Ségur.

<hr>

Coneguda causa siat que Guillyem Arampnol, de la parropia de Sent Estephe de Lissa (¹), reconogoque a e ten, deu auer e tener, alquar obs ablat horetalement, als fors e à las costumas de Bordeu, d'en Pons de Segur, donzet, filh e hereter de Bernart de Segur, donzet que fo, e agut tengud feuament ———————— lo dict payant cadan an ——————— al estar del dit donzet en la dita parrosia, al loc apelat à la Claveyria ——————.

Actum fuit die exitus decembris, anno Domini m° ccc° xxxii; regnante Philippo, rey de Franssa, e Eduardo, rey d'Anglaterra e duc de Guyana... P. Achem; W. Rissender; P. del Puy; J. Delboys; Arnald de Lussac; W. Boscq; W. Boquer; e E. Delpont, procurator notari del dyt donzet, ... en laqual lo dit notari pauza son senhal.

<hr>

(¹) Saint-Étienne-de-Lisse, commune du canton de Castillon-sur-Dordogne.

VENTE de terres situées dans la paroisse des Francs, en faveur de Gaillarde Ysambert, veuve de Bernard de Ségur, damoiseau, et reconnaissance féodale de ces terres par Gaillarde Ysambert en faveur de Pons de Ségur. 16 Août 1333.

Archives de M. le marquis de Ségur.

Conoguda causa sia que Bernard Tebbaut e Gerauda Boqueyra sa fema, segont que dyssoren de la parrossia des Franxs ..... an bendut et quitat, layssat, gurpit e desemparat, per lor e per tots lors hereders e per lors successors, per aras e per tots temps, à la dona na Galhalda Ysambertha, donzela, molher que fo del senhor en Bernard de Segur, donzet, deffunct, e a ses heretors e a son ordenh, tot aquet trens de terra, e la mayzon que y es, am sos intrars e am sos yssirs, e am tots sos autres apertenements, qui es en la parrossia des Franxs, al loc apelat : al borc de Franxs, ayssi com es entre lo cami public d'una part, o la cauza d'en Pons de Segur, donzet, d'autra; e la cauza de B. Johan, d'autra part; e la cauza del dyt donzet salvant a la deyta dona, d'autra. La qual bendision reconogaren e coffesseren que l'an feyta per xl solz de la moneda corrente en Bordeu, que reconogoren que n'auen agutz et ressenbut entreyalment en bons deners complatz en man, e que ssen tengoren per ben apagat del tot ___________. E promes e conbengut am solempnal stipulascion, sotz obligascions de tots lors bes mobles e no mobles presens e auenidors, portar bona e ffirma garentia de tots emperadors e de tots demandadors de la proprietat. E jurat sobre Sents Euangelis Deu, corporalment tocat lo libro caduns de ssa man nudu, que contra la deyta bendission ni contra aquesta carta ___________; e salps los drets d'en Pons de Ssegur, donzet, de quy dyssen que la deyta carga benduda muo per x sols de la moneda coranto de Bourdeu, e una galhina d'oublias redens cadan v sols, e la galh ina al dymartz gras, e v solz la bespera de Pascas, e per vi deniers de la deyta moneda d'acapte redens a ssenhor campehant e a muda de heretors. E ssen desbestiren en la man del dyt donzet, loquals recobrat la dyta cauza a ssa man, en a bestit la deyta dona heretalment per tots temps per los deniers dessus dits ___________ .

Actum fuit hoc xvª die introytus augusti, anno Domini mª cccº xxxiiiº;

regnante Philippo rege Francie, Eduardo rege Anglaterre, duce Aquitanie. Testes sunt : Guilh. Fromatge; W. Arnault; P. Costati; Guilh. del Pinas; et Arnaldo Gaucem, public notari del dugat de Guayna qui la carta enquirego e pauzet son senhal.

Conoguda causa siat que la dona na Galharda Ysamborta, donzella, molher que fo del ssenhor en Bernard de Ssegur, donzet de Franxs, reconoy e coffesset que ela a e ten e deu tener e sos hers e sson ordenh a Tfeas, als fors e a las costumas de Bourdeu heretalement per totz temps, d'en Pons de Ssegur donzet e de ssos hereters e de sson ordenh, tot aquet trens de terra e la mayzon que y es am sos intrars e am sos yssirs, e am tots sos autres apartemens qui es en la parossia de Ffranxs, el loc apelat al bore de Ffranxs, ayssi trens es entre lo cami public d'una part *(etc... comme ci dessus)*... E es assaber que la deyta dona ne pot acazar ni sotz acazares de la deyta cauza, ne metre a man morta de gleysa, de temple, ni de ospital, ni a neguna autra persona, ni far cauza per que lo dyt donzet ni ses hers ni sson ordent y poscan esser a perde de ses deners. E d'eysso sont faitas II cartas d'una tenor, al dyt donzet una, e à la dayta dona autra. Actum fuit hoc xvᵃ die introytus augusti, anno Domini mᵒ cccᵒ xxxm *(etc... comme ci-dessus)*.

<hr>

28 Mars 1364.

RECONNAISSANCE féodale de vignes situées en Graves de Bordeaux, en faveur de Bertrand de Ségur des Francs, comme mari de Jeanne de Mayenssan.

Archives de M. le marquis de Ségur.

Conoguda causa sia que Alays Bernard, filha et hereteyra de mestre Arnaud Bernard, faure, deffunt, et molher, lo jorn que costa carta fo feyta, de Pey Bopilh, de la parropia de Sent Miqueu de Bordeu, per sa bona boluntat ab boluntat et ab autrey deudyt son marit, qui aqui present era, reconoguo et confesset que era ten et sous hers et son ordenh, deuen auer et tener en feus fouament, segont los fors et las costumas de Bordeleu, ab los deuers dejus mentaguts, de la nobla et poderosa dona

na Johana de Mayenssan, filha d'en Pey Mayenssan et de la dona na
Helits Dalban qui foren, et molher, lo jorn que cesta carta fo feyta,
deu noble et poderos senhor mossen Bertrand de Segur, apperat des
Francx et de sous hers et de son ordenh, et de sous parssoners, tot aquet
trens de binha et terra et loc en que es ab tots sos apartenements qui
es en las Gravas de Bordeu au loc aperat a la Raza; ayssi cum es entre la
binha Gualhard Grimoard de l'un costat, à la binha Helias deu Binhau,
carpenter, d'autra, et dura en lonc deu camin comunau de l'un cap, entro
à la binha Bernard Yter, mercador de Bordeu de l'autre cap. Et plus tot
aquet trens de binha et terra et loc en que es ab tots sous appartenaments,
qui es aqui medis, ayssi cum es entre la binha deus hereters de Arnaud de
Ferria d'une part, et la binha Martin Bolare d'autra, et dura de lonc deu
camin comunau de l'un cap entro à la binha Esteve Panh de l'autre cap.
Deus quaus auandeyts dos trens de binha et terra et loc en que son ab tots
lor appartenaments, per ayssi cum son entre los auandeyts assignaments,
l'auandeyta Alays Bernard, ab boluntat et ab autreyt deudit son marit,
prengo et recebo bestidon de la deyta dona na Johana de Mayenssan. Et
la medissa na Johana de Mayenssan, am lo poder deudeyt son marit, ad
asso far et ⸺⸺⸺⸺⸺ letras et poder la data es: datum Burdegale
vᵃ die augusti anno milhesimo cccᵐᵒ Lxº tertio, en la presencia de mi
notari et deus testimonis dejus escrits, l'en bestit feuauament cum de dos
feus, so es assaber por cascun feu ab dos deners de la moneda corsable à
Bordeu d'esporle, à ssenhor mudant; et por lo seten deu fruyt de binh et
de bendeunha que bayra en cascun deus deyts dos feus rendents cascun
an portat et rendut lo deyt seten des fruyts de cascun deus deyts dos feus
à l'ostau de Sent Tuyan sobre lo trulh, e deu esporlar et far dreyt à Bordeu,
si tort lo corelhaua, hom que fos en cascun deus deyts feus.

Actum fuit III die exitus martis anno Domini millesimo [trecentesimo]
sexagesimo tertio, regnante domino excellentissimo Eduardo, illustrissimi
domini nostri regis Anglie primogenito, principato Aquitanie; Helie archie-
piscopo Burdigalense. Testes sunt: Arnauld de Maumont; Bertrando Pey,
mercatore de Bordeu; Pey de Cheneney, clerico; et io Guillem de Lon-
deys, notari public deu principat de Guiayna qui cesta carta recebuy .....
Ramon Ayquem, mercador, per boluntat de min escriu.

4 Novembre 1371. **RECONNAISSANCE** féodale de terres situées dans la paroisse de Minzac, en Périgord, en faveur de Hugues Ségur, fils de feu Pons de Ségur, damoiseau, de la paroisse de Francs.

Archives de M. le marquis de Ségur.

Coneguda caussa sia que en Johan Ffragier, de la parropia de Minzaco ([1]), per sa bona boluntat reconogo que et a et deu auer et tener por sin et por ssous hers et por tots sson hordenh en ffeus ffeualament calqu'un heretalment, als ffors et à las costumas de Vilaffranca, d'en Huguo de Ssegur, donzet, ffilh deu Pons de Segur, donzet qui ffo, de la paropia de Ffranxs, et de ssous hers et de sson hordenh et an agut e tengut aus tianaments de ssos predescessours, tota aquela terra herma e bestida [de] bosc et prat am tots ssos apartenamens, qui es en la pparropia de Minzac, elloc apelat au Nauba Mauret, entre lo riou qui ppart Lalo d'una part, et lo camin que mena del ponte à la Ffayet, d'autra; entre la caussa dels hereters d'en Bert de Lalo qui fo, d'autra part; à la caussa dels hereters d'en Peyre del Pontet, qui fo, d'autra part; et lo camin public d'autra part. So es assaber de xx d. noyradas en feus por x solz de la moneda corsabla en Peyregort, et duas galinas d'ublias redeus et pagaus cadan an, per an v ssols la bespra de Pascas, et v ssols et las galinas la bespra de Nadal..... Et por lo ters d'acaptes per lo tot redeus à senhor campnisant, et à muda de hereters, es assaber que lo dit donzet ayssi a aretengut lo molin am sas appartenensas à sin et à ssos hereters, e à son hordenh, por tot temps; et em aquet deuers desus dit e mentengut; lo dit donzet an bestit en Johan Fragier, et l'en a mandat et promis estre bos senhor et portar bona et firma garatian de tot emperador, etc. ———— Et d'aysso faytas doas cartas d'una tenor, al dit donzet una, et al dit Johan Fragier autra.

Acta iiii^e die introitus novembris anno Domini millesimo ccc° LXXI, illustrisimo domino nostro Eudoardo, domini nostri regis Anglie primogenito, principatus Aquitanie principe et Gasconnie... Testes sunt : P. Fame, de Minzaco; Johan Claveri; Bernard Costall; H. Saunhac; et P. Guymier, publie notari en tot lo principat de Guiayna, qui la carta enquirego, escriuo et pauset son senhal.

([1]) Minzac, commune du canton de Villefranche-de-Louchapt (Dordogne).

RECONNAISSANCE féodale de terres situées dans la commune de Camblanes-Meynac, en faveur de Brun de Ségur des Francs, seigneur de Tren. 2 Avril 1404.

Archives de M. le marquis de Ségur.

Conoguda causa sia que Bidau Arman, parropian de Camplanas ('), Entre-Dos-Mars, per sa bona boluntat reconoguo et confesset que et et sous parssoners an et tenent, lurs hers et lur ordenh deuran auer et tener d'assi en auant, en feus feuauments segont lors fors et las costumas bordales, ab los dreytz et deuers plus bas en aquesta present carta contenguts et declaratz deu noble home en Brun de Segur, apperat de Franxs, senhor de Tren, et de sons hers et de son ordenh tot aquet trens de terra, ab lo loc en que es, ab totas sas appartenenssas entregament, loquau es en la parropia de Camplanas et en la parropia de Maynac, Entre dos Mars, au loc apperat à La Estatga deus Peyreyt, ayssi cum es ....., binha de Galhard deu Tastar d'una part; et la binha de Blanqua Faur, et la binha de Johan Guanhey, d'autra part; e dura et ten en lonc deu camin communau de l'un cap entro à la terra deus hereteys de Guilhem Biguoros, et la binha deu deyt Johan Guanhey, de l'autre cap. Et plus totas aqueras detzehuyt arreguas de terra et de box, ab totas lurs appartenenssas, entegrament, los quaus son en la parropia de Camplanas, au loc apperat au Bosc-Arrusat, ayssi cum son entre la binha et terra de Gualhard deu Tastar, d'una part, et la terra et bosc deudeyt Galhard deu Tastar, d'autra part; e duran et tenen en lonc deu camin communau de l'un cap entro à la terra deudeyt Galhard de Tastar, de l'autre cap. Et plus tot aquet trens de terra, jardin, ab totas sas appartenenssas entegrament, lo quau es en la deyta parropia de Camplanas au loc apperat à la Font de las Peyras, entre lo jardin de Johan Guanhey d'una part, et la mayre de la font d'autra part; e dura et ten en lonc de la mayre de la riu de l'un cap, entro à la terra deudeyt Johan Guanhey de l'autre cap. De totas los quaus auandeitas terras et bosc dessus confrontadas et designadas ab totas lurs apparte-nenssas entegrament, per ayssi cum son deitz et entro los auandeyts assignaments et confrentacions l'auandeyt Bidau Arman per sa bona boluntat ne prengo et recebo bestidon de l'auandeit en Brun de Segur

apperat de Franxs; et lo medis en Brun de Segur apperat de Franxs
per sa bona boluntat en la presencia de min notari public et deus testi
monis dessus escriuts et nommats l'en recebo en affeuat et per affeuat
lo deyt Bidau Arman l'enbestit feuament deu tot cum de feu et per
una senhoria so es assaber ab dos ..... de la moneda corssabla à Bordeu
d'esporle _______ et per quinze souds de la deyta moneda corssabla
à Bordeu cascun an de cens, rendentz et paguants an per an en dus
termes, so es assaber la meytat lendoman de la festa de Totz Santz, et
l'autra meytat lendoman de la festa de Nadau, portats et renduts los deytz
cens ______ au comandament deudeyt en Brun de Segur ______ en la
parropia de Camplanas______. Lo deyt Bidau Arman ni sous hereders
ni son ordenh no y deu ni pot metre acazat ni sotzacazat ab meys cens ni
ab meys esporle ni ab meys dreyts ni deuers, ni dar à gleysia ni leyssar à
temple ni à hospitau, ni metre en man morte, ni en man forssina, ni far
d'enguna autra causa per que lo deyt en Brun de Segur, apperat de
Franxs, ni sous hers ni son ordenh ne pergos o pogos perdre sas rendas
recoyvendas, ni sas senhorias ni sous autres dreyts, ni deuers no fossan o
poguossan este afolatz ni amermiatz en tot ni en partida, en aucun temps
ni en deguna manera. Et en aquesta maneyra l'auandeyt en Brun, etc...
promes estre bon senhor et portar ferma guarantia, etc.________
Et d'asso son feytas et autreyadas doas cartas d'una tenor, etc.______.

Actum fuit in dicta parrochia de Camplanis, secunda die mensis aprilis,
anno Domini millesimo quadringentesimo quarto, regnante... Henrico...
Anglie et Francie rege______. Testes sunt : Guilhem Gombaud; Guilhem
Guarrard, clerc; et Johan Guanhey, parropiant de Camplanas; et jo Helias
Guandet, clerc, notari public deu dugat de Guiayna, qui cesta present
carta audi, inquiri, recebuy et mon sinhau acostumat y pausey, lo quau Pey
Fort alias Peyran, clerc, per boluntat et per mandament de min escriguo.

H. GAUDEN.

<hr>

(1) Camblanes et Meynac réunis, commune et canton de Créon.

RECONNAISSANCE féodale de terres situées à Duras, en Agénais, en faveur 27 Février 1468.69.
de Jehan de Ségur, captal de Puchagut, seigneur de Seyches et de
Pardailhan.

Archives de M. le marquis de Ségur.

Conoguda causa sia que Peys de La Crotz, habitant de Duras, de la
senescausia d'Agenes, filh et hereteyr en sa part partida de Peyre de La
Crotz, son pay qui fo, per sa bona boluntat a reconogut et bertadeyrament
confessat que ed et sous hereteyrs et son ordenh, et tot son comandament,
et disso que los sous antessessors auen tengut ancienament à llus oblial,
segont los fors et las costumas d'Agenes, et los usatges deudit Duras,
deu noble home Johan de Segur, captal de Puchagut, senhor de Seysses (¹)
et de Pardelhan, en sa partida et de sous hereters, ordenh et de son
comandamen, lo honorable home Johan Meurin, habitant deudit loc de
Duras, procurator deudit senhor, cum ad me a feyt degudament apparer
per ung public instrument de procuration inquirit, rendut o feit per la man
de mestre Johan Canin, notari public, soutz tal data : actum fuit in villa de
Duraco, die vicesima sexta mensis octobris anno Domini millesimo iiiⁱ° ʟxⁱⁱ
secundo, en nom et en persona et cum procurador deudit Johan de Segur
et per tots sous hers, ordenh et per tot son comandament instipulants et
recebents, tot aquet trens de terra et prat ab lo loc en que es, ab totas sas
apartenenssas, que sedit, que es assignat et scituat en la parropia de Sent
Ayrart (²) de la juridiction deudit loc de Duras, alloc aporat à La Cassanha ;
per ayssi cum es et se confronta entre la causa de Johan de La Crotz et
Bernard de La Crotz, frayres deudit Peyre, affouat, de l'un costat, et lo prat
que fo à mosenh Arnaut, que ten Guilhermes de Clayrac, de l'autre costat ;
et dura de lonc de la far dels hereteyrs de Guilhermes de Bordeus de l'un
cap, entro à la far de Perrinot Martin de l'autre cap. Et plus, tot aquet
trens de terra, ab totas sas appartenensas, que fo dit, que es assignat en
la dicta parropia de Sent Ayrart, al loc aperat al Boed, per ayssi cum es et
se confronta entre la causa de Johan Frichart de l'un costat, et lo camin
public de l'autre costat ; et dura de lonc de la far de Johan de La Crotz,
son dit frayre de l'un cap, et come dis affouat, de l'autre cap. Et plus,
tot aquet autre trens de terra ab totes sas appertenenssas, que fo dit, que
es assignat en la dita parropia de Sent Ayrart près d'aqui, mo dit ; per

ayssi cum es et se confronta entre lo riu del Boed et lo dit Johan de La Crotz de l'un costat et per l'un cap; et lo dit Bernard de La Crotz de l'autre costat et per l'autre cap, deuert lo Drot. Et plus tot aquet trens de prat, ab lo loc en que es, ab totas sas appertenenssas, que fo dit, que es assignat et scituat en la parropia deud. Sent Ayrart pres d'aqui medis : per ayssi cum es et se confronta entre la causa deudit Johan de La Crotz de l'un costat, et la causa deud. Bernat de La Crotz de l'autre costat bert solcolquat *(sic);* et dura de lonc lo Drot de l'un cap, entro en la causa deudit Johan de La Crotz de l'autre cap, ab totas lors uniuersals appertenenssas de entrado et salhido, dreyts et deuers que los ditz fius dessus confrontats, et cascun en per sin, an et auer deuen totz compledaments en deguna maneira. Et per dos ardits et ung tolsan de la moneda corssabla à Bordeu de oblies, que l'auant dit Peys de La Crotz, per sin et per totz sous heretz et per son ordenh, ne deu et es tengut et a mandat, combent et promeit dar, rendre et pagar cascun an à l'auantdit en Johan de Segur, donzet, et à sous hers et à son ordenh lo journ et festa de Pasques, portatz et rendutz los auantditz dos arditz et un tolzan cadan à l'estar de l'avant dit senhor, de sous heretz et ordenh et de son comandement al dit loc de Duras; et ab quart d'acapt à senhor de fius et a feusatey mudant, d'una part o d'autra. Los quals ditz fius, totz ni empartida d'aquets, l'auantdeyt Peys de La Crotz, ni sous hereteyrs ni son ordenh, no deuen ni poden donar, metre ne balhar à gleysa, ni temple à hospital———— Johan Meurin ———— promet losditz fius et cascun en per sin saluar, et garantir, et portar bona et ferma saluation et garentia de totes persones, etc. —————.

Actum Duracio, penultima die mensis februarii anno Domini millesimo cccc° lxviii°, regnante... Ludovico... Francorum rege : presentibus ibidem : Arnaudo de Lendarroat, domicellus; Johanes Basseta et Perrino de La Rivet, habitatores Duraco, testibus ad premissa vocatis specialiter et rogatis. Et me Johanne de Campis, clerico de Montesecurs, auctoritate regia notario publico, qui hanc presentem cartam audivi, inquisivi, retinui et recepi ac manu mea propria fideliter scripsi, signo meo signavi, in testimonium premissorum.

(¹) Seyches, canton de l'arrondissement de Marmande.
(²) Saint-Eyrard, hameau de la commune de Duras (Lot-et-Garonne).

LETTRES de Henri, marquis de Bourdeille, lieutenant général et gouverneur du Périgord, convoquant, pour le service du Roi, Raymond de Boucher, écuyer, seigneur de Laborie et de Laussel.

Archives du château du Rocq (Dordogne), au comte de Boucher de La Tour.

11 Juin 1625.

Monsieur, ayant esté prié par monseigneur d'Espernon d'assembler le plus de mes amis qu'il me sera possible pour l'aller trouver vers Montauban et y servir Sa Majesté en ses occasions, je creu que vous me feriés la faveur de vouloir estre de la partie; et, quoyque le service vous y convie assés, je vous en veux pourtant avoir l'obligation en mon particuller, et vous suplye pour cest effaict vouloir vous randre au vingtroisiesme de ce mois au pont de la cité de Périgueux avant midy, où je donne le rendez vous général, pour de là nous en aller ensemble. J'espère ceste asistance de vostre amitié, don je me randré cognoissant, s'il s'offre occasion de vous tesmoigner que je suis, Monsieur, vostre très humble serviteur.

BOURDEILLE.

De la Feuillade, ce xime jung 1625.

Sur le repli :

Monsieur de Laborie de Miramont.

---

31 Juillet 1627.

Monsieur, vous seriés bien fasché, m'en assure, qu'on batit l'Anglois et tous les mauvais serviteurs du Roy, s'il en peult avoir dans son royaulme, sans vous y appeler. C'est pourquoy je vous prie de vous tenir prest avec esquipaige de guerre et le plus que vous pourrés de gens propres à servir, pour le premier commandement que je reçeuvray, dont je vous donneray advis; et sy vous sçaviés quelques chozes contre le service du Roy, où que quelcung prist party contre son debvoir, je vous prie m'en vouloir advertir, affin qu'avec tous les gens de bien je fasse ce que je dois pour le service de Sa Magesté et pour celluy du public; je n'y veux rien espargner, vous conjurant au surplus de me croire toujours, Monsieur, vostre bien affectioné serviteur.

BOURDEILLE.

De Bourdeille, ce dernier jeuillect 1627.

Sur le repli :

A Monsieur de Laborie de Miramond.

27 Janvier 1675. **PRIX-FAIT** pour la construction d'une forge à fer en Sarladais, entre **Raymond de Boucher** (¹), écuyer, sieur du Rocq d'Allas, et **Pierre Vialars**, maitre maçon.

Archives du château du Rocq (Dordogne), au comte de Boucher de La Tour.

Aujourd'huy vingt-septiesme de janvier mil six cens soixante et quinse, au lieu du Roc, parroisse d'Allas, après midy, en Périgord, régnant Louis, etc., par devant moy, notaire royal, et tesmoins bas nommés, a esté présant en sa personne noble Raymond de Boucher, escuyer, sieur dudit lieu et conseigneur de Coudere, habitant en sa maison du Rocq, parroisse susdite, lequel de son bon gré et volonté a baillé à pris faict à Pierre Vialars, maistre masson, habitant du village de Prax, parroisse de Marsillac, en la juridiction de Ventadour, en Limousin, de présant travaillant au lieu de Laussel, à faire le fourneau à fondre fer (¹), au lieu appelé del Paradou, de la hauteur que l'on a de coustume de les faire ez autres forges, par le fondement de vingts-quatre pieds en carré de batisse, avec deux fontes de tuille de pierre et seze bouquets pour porter les liens, et le rendre prêt à faire l'ouvrage.

Sera tenu ledit sieur de luy faire venir son fondeur pour tirer les coudreaux des apparets dudit fourneau que ledit Vialars sera tenu de faire avec les conduits nécessaires et les chauvlottes pour porter la rouhe dud. fourneau.

Sera aussy led. sieur tenu de faire faire le fondement suivant qu'il sera marqué par led. Vialars et luy rendre toute matière sur place; et ce, moyennant la somme de cent cinquante livres, trois barriques de vin pur, quatre charges de bled, moytié froman, moytié segle, la moitié d'un lard, seize livres d'huille de noix, demy quarton de sel; luy fournir une chambre au lieu du Paradou, un lit, du linge et de la vaissello pour son service seulement; payable la somme de cinquante livres dans le commencement du travail dud. fourneau, le bled et le vin dans le cours du travail, ensemble le lart, l'huille et sel et le restant de la somme, qui est cent livres, à la fin du travail. Commencera led. Vialars led. fourneau dans le commencement d'avril prochain et le continuera jusques à ce qu'il sera parachevé sans discontinuer. A quoy lesd. parties ont obligé leurs biens et renoncé et juré et de quoy et présans à ce Hélias Blanc, maistre trasseur de pierre, habitant du village de La Faurellie, parroisse de Marquays, et Jean Laflaquière, aussy trasseur de pierre, habitant du bourg de Marquays, tesmoins requis quy n'ont signé ny led. Vialards pour ne sçavoir de ce que requis par moy. Ainsy signé à l'original Le Roc et moy :

LAVIALLE, notaire royal.

(¹) Par acte antérieur du 17 décembre 1673, Raymond de Boucher, « dans le dessein de » faire édiffier et construire une forge au lieu appellé del Paradou, sur le ruisseau de » la Petite-Beaune, où il y avoit eu autre fois un moulin à bled, foulon de dras et pres-» soir à hulle », avait acquis de différents habitants d'Allas les droits qu'ils pouvaient avoir sur cette « masoure dud. moulin, draperie et pressoir ». Il est intéressant de signaler la qualification de marchand donnée à ce gentilhomme de noblesse de race, maltre de forge, à fin de pouvoir être justiciable du tribunal de commerce de Bordeaux. « Extrait des registres de la cour de la Bourse de Bordeaux... Jean Passelaigne, marchant, demandeur, d'une part, et Raymond Bouchers, sieur du Roc, marchant, deffandeur..., 24 octobre 1680. »

CONFIRMATION par Henri IV des privilèges des gentilshommes verriers.

Janvier 1596.

Arch. départementales de la Gironde, C. 3804, fᵒ 22 (Enregistrement des Édits royaux).

Pour les gentilshommes verriers.

Henry, par la grace de Dieu roy de France et de Navarre, à tous presents et advenir, salut.

Savoir faisons : que Nous avons reçeu l'humble supplication des gentilshommes de l'art et science de la verrerie, residans en nostre royaume, pays, terres et seigneuries de nostre obéissance, contenant que de tout temps et antiennetté, eux et leurs serviteurs, et ainssy les marchans vendant en gros et en détail, menans et conduisans les marchendises et matières dont est composé le verre, sont affranchis, quietes et exemps de toutes tailles, aydes, subseiddes, impostz, coustumes, rouages, barages, chausséos, tournans, péages, coustages, landages, robinaiges et arransonnaiges, passaiges, pontonnages de portz, et de touts autres renormants (?) exactions anciennes et nouvelles, ayant cours en nostre royaume, pays, terres et seigneuries de nostre obéissance : lesquels privileges leur [ont]

3

esté successivement confirmez par les Roys nos predecesseurs, et en ont toujours bien et deument joy jusques à present. Mais d'aultant que, à l'occasion du decedz du feu roy Charles, nostre très honoré seigneur et frere, que Dieu absolve, ils doubtent que l'on leur voulsist mettre aucun empeschement en la joissance de leursdits privileges, ils nous ont très humblement faict supplier et requerrir leur voulloir sur ce octroyer nos lettres de confirmation sur ce necessaires.

Pour ces causes, desirans subvenir ausd. exposans en cest endroict, nous leur avons continué et confirmé, continuons et confirmons par ces presentes ausdicts exposans, tous et chescuns leursdits privileges, franchises, immunités et exemptions des susd. Voullons et nous plaist qu'ils en jouissent et usent doresnavant plainement, paisiblement et perpetuellement, tout ainsi qu'ils en ont joy et usé bien et deuement, jouissent et usent encore à present, sans que, pour raison de ce, l'on leur puisse faire, mettre ou donner aucun trouble ou empeschement au contraire. Si donnons en mandement par ces presentes à tous nos juges generalement quelconques, presents et advenir, que de nos presentes lettres de confirmation voulons et entendons de tout le contenu cy dessus il fasse, souffre et laisse lesd. suppliants et leurs successeurs joïr et user plainement, paisiblement et perpetuellement, contraignant à ce faire, souffrir et obéir tous ceulx qu'il appartiendra, et qui, pour ce, seront à contraindre, par par toutes voyes et manieres deues et raysonnables. Et sy aucun arrest ou empeschement auroyt esté sur ce faict, ou ce faisoit à l'advenir, pour raison desd. privileges, qu'ils les mettent ou fassent mettre, incontinant et sans delay, au premier estat comme deub, car tel est nostre plaisir. Et affin que soyt chose ferme, stable à toujours, Nous avons faict apposer notre scel ausd. presentes.

Donné à Plainbray *(sic)* au mois de janvier, l'un de graco M V° III^{xx} seize et de nostre regne le septiesme. Signé Henry; et sur le reply, par le Roy, Froger; et à costé est escript : visa contentor. Signé Molan, et scellé en lacqs de soix rouge et verte du grand sceau de cire verte; et au dos est escript : Registrata, etc.

Les President et tresoriers generaulx de France en Guyenne : veu par nous les lettres patentes du Roy données à Plainbourg *(sic)* au mois de janvier dernier ..... Comme a esté remontré (à Sa Majesté) que les gentilshommes de l'art et science de la verrerie, de tous temps et antienneté, ... et les marchans vendant en gros, détail et menu ..... exempts de toutes tailles, subsides, impots ..... consentons l'enterinement et accomplissement d'icelles ......

Donné à Bourdeaux, au Bureau des finances en Guyenne, le vingt-unyesme jour de febvrier M V^e III^{xx} seize.

HOMMAGE rendu à l'archevêque de Bordeaux par Pétronille Lambert, veuve d'Hélie de Malayoles. 9 Décembre 1838.

Archives départementales de la Gironde, G. 104.

Pétronille Lambert, damoiselle de Bonnes, fille de feu Guillaume, veuve d'Hélie de Malayoles, chevalier, reconnaît tenir en fief de Pierre du Luc, archevêque de Bordeaux, divers tènements et mainements sis dans les paroisses de Saint-Privat, Festalemps, Chassaignes, le Petit-Bersac, Saint-Séverin, Mirand, paroisses du diocèse de Périgueux, situées en Périgord et Angoumois, tenus tant par elle que par Marguerite Seguin, fille de feu Hélie, chevalier, Arnaud de Saint-Privat, etc. Elle en rend hommage sous le devoir d'un marbotin d'or.

Cette pièce est à rapprocher de deux autres, très intéressantes, que nous ne pouvons indiquer que sommairement, parce qu'elles ont été publiées dans les *Bulletins de la Société archéologique du Périgord* (XI, 309 ; XIV, 226).

L'une est le testament fait le 29 août 1312 par Étienne de Malayoles : « ... ego Stephanus de Malayolas, domicellus, parochianus ecclesie de Monesteyrol *(Ménestérol)*... lego... conventui fratrum Sanctæ Fidis *(Sainte-Foy)*... et conventui monialium Pontis Eyraudi *(Ponteyraud)*... confratrie beate Marie de Bellopoyeto *(Beaupouyet)*... Item lego Helie de Malayolas, rectori ecclesie de Lopchac *(Loupiac)*, et Iterio, filiis meis, rectori de Monesteyrol, et Gerardo et Galhardo, filiis meis, et Stephano filio meo, monhaco Silve maioris... totam terram... quam habeo in partibus de Vernodio in honore Sancti Astorii *(Saint-Astier)*... lego Beatrici, filie mee, moniali Pontis Eyraudi... instituo heredem meum universalem Guillelmum de Malayolas, filium meum... ordino Heliam, filium meum, rectorem ecclesie de Villafranca *(V. de Longchapt)*... Testes... testamenti... volo... Guillelmum de Montispavone *(Montpon)*, domicellum, fratrem Geraldi Raimondi, priorem de Gallo assato... (¹) Heliam de Montispavone... »

L'autre est le testament fait, le 22 août 1334, par Hélie de Malayoles, chevalier, fils de feu Guillaume, damoiseau, paroissien de Ménestérol comme le précédent. Il nomme sa femme Pétronille Lambert, ses enfants Jean, Marquèze, Jeanne, et fait de nombreux dons à diverses églises.

Universis presentes litteras inspecturis Portronilla Lamberta, domicella de Bonis (¹), filia quondam et heres universalis Guillermini Lamberti (²)

relictaque quondam Helie de Malayolas, militis defuncti, salutem et presentibus litteris perpetuam dare fidem.

Noveritis quod ego dicta Petronilla recognosco et in veritate tenore presentium litterarum confiteor me habere et tenere in feudum a reverendissimo patre in Christo domino Petro, miseratione divina Burdigalens archiepiscopo, et ecclesia sua Burdigalensi hec que sequuntur, videlicet : totum maynamentum de Murello, situm in parochia Sancti Privati (⁴), Petracorensis diocesis, cum molendino, vineis, nemoribus, pratis, terris cultis et incultis, et aliis et singulis pertinentiis maynamenti predicti, et que habeo et alii habent et tenent a me ___________.

Videlicet : ea que habeo et alii habent et tenent a me in maynamentis et pertinentiis de La Mirandia et de La Seguinia et de Guardia de Murallo et de Manso, sitis in dicta parochia.

Item ea que habeo et alii tenent et habent a me in maynamento de Serpolicyrao et ejus pertinentis, et in manso vocato La Negaschia, et in vineis Gerardi Vilani, et Guielmi Fabri, et porcianatorum suorum sitis in parochia de Colomonte (⁵).

Item ea que habeo et Margarita, filia quondam Heliæ Seguini, domini defuncti, tenet a me et percipit et levat in decima parochie de Festelenis (⁶), et ea que habeo et que tenent a me et Albert et porcionatorii maynamentorum et pertinenciarum vocatorum ,de Limant, de Lescuria (⁷), de Lambertia et de Lachigel, sitorum in parochia ecclesie de Festelenys.

Item, quartos quos habeo et percipio in quadam terra vocata Laplancha prope maynamentum vocatum de Lachigel et que mihi debet Arnaldus (Sancti?) Privati.

Item, ea que habeo... in maynamento... de Cropiouet de Pradeyrols... in quadam terra vocata Lacomba, sita in parochia ecclesie de Chassagnii (⁸).

Item, ea que habeo... in parochia de Bersaco videlicet (⁹) in tenementis vocatis las Brimondias et la Vocella, et ea que tenet a me Giraldus Brunelli, et que mihi debentur per dominum de Albaterra, ratione quarumdam vinearum quas habet in dicta parochia... et ea que habeo et alii habent et tenent a me in quadam terra vocata Sancti Martini.

Item in parochia Sancti Severini (¹⁰), videlicet ea que habeo, et alii habent et tenent a me, in quadam pecia terre, vocata la Bruhencha.

Item, ea que habeo et alii habent et tenent a me in parochia ecclesie de Mirant(¹¹), videlicet in maynamentis et pertinentiis vocatis de Solo, de la Feirucia et de Chassarel, et in quibusdam vineis et nemoribus maynamentorum de Serpolieyrao.

Item quoddam pratum meum situm in ripeyria Drone in parochia de Bersaco, quod... tenet... Iterius de Saupeto, clericus...

Habeo et teneo, ego dicta Petronilla, ut est dictum, a dicto domino archiepiscopo et ecclesia sua Burdigalensi predicta, in feudum sub homagio ligio faciendo et exhibendo a me et heredibus meis eidem domino archiepiscopo... cum uno marbotino aureo de accaptamento, videlicet flexis genibus, manibus complexis, amotoque capucio. Quod homagium eidem domino archiepiscopo, ego dicta Petronilla feci et exhibui in modum predictum in nota sua, presentibus bonis personis assistentibus de Sancto Paxencio; et eidem domino archiepiscopo satisfeci de marbotino predicto, die sabbati post hiemalem festum beati Nicolai, Paxencio procedenti, qua die juravi ad Sancta Dei Evangelia corporaliter a me tacta ,....

Ego dicta Petronilla per has presentes litteras quas fieri feci, rogavi et obtinui, et sigillo curie Officialis Petracoricensis ad preces meas et instantiam sigillavit.

Quibus litteris nos dictus Officialis sigillum ejusdem curie ad preces et instantiam dicte Petronille, concedentesque volens et potens sit ad observandum premissorum auctoritate nostra in scriptis similiter condemnata duximus aponendum, in testimonium premissorum.

Datum die lune ante festum beate Luce, virginis, anno Domini milleim otrecentosimo trigesimo sexto (¹²).

Petrus MONTIS, Petracorisensis curie notarius regius.

(¹) Forme ancienne de Jalmoutier, le nom d'Assat ayant été changé en *moutier* à cause du voisinage du couvent de Ponteyraud. Jadis à cheval sur l'Angoumois et le Périgord, la commune de Saint-Vincent-Jalmoutier est aujourd'hui dans la Dordogne.

(²) Bonnes, commune du département de la Charente.

(³) Archambaud Lambert, fils de Guillaume, damoiseau, avait rendu hommage à l'archevêque de Bordeaux, en 1816, pour le même tènement de Muret. (Arch. de la Gir. G. 104.)

(⁴) Saint-Privat-des-Prés, canton de Sainte-Aulaye (Dordogne).

(⁵) Cumond, canton de Sainte-Aulaye (Dordogne).

(⁶) Festalemps, même canton.
(⁷) Villages de la Haute et Petite-Écurie, ce qui détruit la légende attribuant le nom à un camp de cavalerie sous Henri IV. (Note du marquis de Cumond.)
(⁸) Chassaignes, canton de Ribérac (Dordogne).
(⁹) Le Petit-Bersac, même canton.
(¹⁰) Saint-Severin, canton d'Aubeterre (Charente).
(¹¹) Mirand, commune de Cumond (Dordogne).
(¹²) Ce lundi tombait le 9 décembre.

---

28 Septembre 1471

MONTRE de 30 hommes d'armes commandés par Jehan Aubin, sieur de Malicorne, maire de Bordeaux (¹).

Bibliothèque nationale. Manuscrits : *Fonds français*, t. 21497, fº 100.

Rolle des monstres et reveues faictes en la ville et cité de Bourdeaulx, le xxviiiᵐᵉ jour du moys de septembre l'an mil cccc soixante et onze, par nous Anthoine Champenois, escuier d'esturie de Monseigneur duc de Guienne et commissaire en ceste partie, de trente hommes de guerre illec ordonnez et pour à l'encontre des excès et delitz qui pourroient survenir audict lieu; à la soulde et paie chacun homme de cent solz tournois par moys, soubz la charge et conduicte de noble homme Jehan Aubin, sieur de Malicorne, conseiller et chambellan de mondit Seigneur, et maire dud. lieu de Bourdeaux. Icelle monstre servant à maistre Jehan Gaudet, tresorier des guerres de mondict Seigneur, pour ung quartier d'an, commançant le premier jour de juillet dernier passé et finissant le dernier jour de septembre après ensuivant. Desquels gens de guerre les noms et surnoms ensuivent.

Et premierement :

Loys Sernestre.	Didier de Villy.
Guillaume de La Mote.	Jaques de Saincte (²).
Jehan de Beauregard.	Jehan Chandoultre.
Collinet Duchesne.	Anthoine Dubaust *alias* Sanoyt.
Jehan Fouget.	Jehan de Bressy.
Alain de La Riviere.	Françoys Baudouyn.
Florens Baucis.	Marc Lebis.
Guillaume Le Villain.	Jehan des Loiz (³).

Jehan Brandin.	Jehan Bidault.
Richart Alain.	Jehanny Claguin.
Michau Texier.	Jehan Descosse.
Raoulet Le Saincturier (⁴).	Le bastard Duga (⁵).
Guiot du Lyon.	Le bastard Rey.
Michau Bouchier.	Jehan de Pouson.
Perrin Fouquault.	

En toute, xxx archiers.

Nous, Anthoine Champenois, escuier d'estuerie de mond. Seigneur et commissaire dessus nommé, certifions à nos seigneurs des Comptes d'iceluy Seigneur et autres qu'il appartiendra, avons veu et visité par forme et maniere de monstre et reveue tous les dessus trente hommes de guerre estans soubz led. Maire, lesquieulx sont en bon et suffisant habillement et habilles de leurs personnes pour servir mondict Seigneur au fait de ses guerres, et dignes d'avoir et recevoir les gaiges à eulx ordonnés par icelu; seigneur. En tesmoingt de ce, nous avons signé ce present roole de nostre main et scellé du scel de nos armes, les jour et an dessus.

(Signé en original :) A. CHAMPENOIZ.

(Le sceau représente une légende au centre de laquelle il y a un écu, non timbré, portant 10 besans posés 4, 3, 2 et 1.)

(¹) Le 2 mars précédent (1470, v. s.), le même commissaire avait passé à Bordeaux la revue de la même compagnie où l'on voit figurer : Thierry Aubin, bâtard de Malicorne, lieutenant; Robinet de Termes, Jehan Doultre et Jehan de Berssy.

(²) *Sains,* dans la montre de 1470.

(³) *Hallois,* dans la montre de 1470.

(⁴) *Chamturior,* dans la montre de 1470.

(⁵) *Du Gua,* dans la montre de 1470.

25 Novembre 1491. **MONTRE** passée à Bordeaux par Étienne de Makanam, maire de Bayonne, de 10 hommes d'armes et 80 hommes de trait et gens de guerre, commandés par Jehan de Blanchefort, maire de Bordeaux (¹).

Bibliothèque nationale. Manuscrits: *Fonds français,* t. 21502, f° 458.

C'est le roolle de la monstre et reveue faicte en la ville et cité de Bourdeaulx, le xxvime jour de novembre l'an mil cccc quatre-vingts et onze de dix hommes d'armes et quatre-vingts hommes de traict et gens de guerre de morte paye, estans en garnison en lad. ville pour la garde et deffence d'icelle, soubz la charge et conduicte de messire Johan de Blanchefort, maire et cappitaine d'icelle ville, par nous Estienne Makanam, maire de Bayonne, conseillier et maistre d'hostel du Roy nostre sire, et commis par nosseigneurs les mareschaulx de France à faire lad. monstre et reveue pour le quartier de juillet, aoust et septembre derniers passés, icelle monstre, et reveue servant à l'acquit de Guillaume de Biarru, commis par le Roy, nostre syre, à faire le paiement desd. gens de guerre.

Desquels hommes d'armes et gens de guerre de morte paie les noms et surnoms s'ensuivent.

Et premierement :

HOMMES D'ARMES

Jehan de Rostaing.	Pierre de Bourdeaulx.
Estienne Makanam.	Johan Dusault.
Arnault Gassies.	Jehan de Tardes.
Grimond Gassies.	Raymond de Rostaing.
Guillotin Makanam.	Arnus Ollivier.

ARCHIERS

Naudinot Gassalahilh,	Estienne Lyshe.
Pierre de Rostaing,	Charles Dusault.
Bertrand de Montferrand.	Johan Avanssi.
Bernard Colein [Coulon].	Bellatino de Colignan.
Menaut de Sainct Avid.	Johan du Haulboys.
Jehan Gimel.	Arnault Daste.

Balthazar Miqueau.
Aymond Dasle.
Jehan d'Escosse.
Anthoine Rousseau.
Perrin Foucault.
Naudinet de Lamynsans [Lavan-
    sans].
Jehan Martin.
Jehannot Amye.
Le bastard d'Auros.
Henry Creuze.
Daniel Le Canonier.
Micheau Doyron [Doyon].
Anthoine Duboys, *dit* Faurye
    [Saurye].
Micheau Catherme [Bratelme].
Olivier de Guane [Grane].
Compaignet de Haurie.
Jehan Bouteiller.
Pierre Duboys.
Rolland Binet.
Jehan Felix.
Jehan du Hamel.
Gamaliel de Lizanne.
Odet Malesse.
Guillaume Mouchat.
Jehan de Baussay, *dit* Baron.
Anthoine Artigue.
Jehan Morant.
Jehan des Roches.
Micheau Fauchery.
Laurens de Farge.
Helion Raffin.
Jehan de Lusse [Lure].

Jehan de Chastellux [*dit* Guillhon].
Jehan de Maizo [Meszo].
Jehan d'Aulton.
Bernard (*alias* Bertrand) de Ser-
    res.
Jehan Préau [Perreau, *dit* Bour-
    guignon].
Martin Le Noir.
Jehan Dulige.
Guichart Pigonneau.
Jehan du Cournau.
Guillem Bonnom.
Jehan Dupuy.
Jacques Chevalier.
Anthoine du Faion.
Anthoine Morel.
Pey de Lataillade.
Heliot Morin.
Peyrot de Lafargue.
Loys Duboys.
Ramonnet de Bellepeyre.
Jehannot de La Taulade.
Bertrand Dossive.
Jehan de Noailles.
Feulet Coguol.
Micheau de Montolieu.
Perrin Gounard.
Arnaulton de La Serre.
Cap Breton.
Gratien de Vignolles.
Bernard Le Barbier.
Jehannot Poulhon.
Jehan de Sevin.
Gaston de Montestruc.

Jehan de Paillein [Pailheys].   Jehan Bernard.
Jordain Girausson.   Estienne de Fargues.

Nous Estienne Makanam, maire de Bayonne, conseillier et maistre d'ostel du Roy, nostre sire, et commissaire dessus nommé, certiffions à nosseigneurs des Comptes du Roy, nostredict sire, et autres qu'il appartiendra, avons veu et visité par forme et maniere de monstre et reveue lesd. dix hommes d'armes et quatre-vingts hommes de traict et gens de guerre de morte paye cy susscripts. Lesquels sont en bon et souffisant habillement de guerre pour servir le Roy, nostredict sire, en lad. ville ou ailleurs, où il luy plaira ordonner et commander, dignes et cappables d'avoir et recevoir les gaiges à eulx ordonnez par led. Sieur pour le quartier de juillet, aoust et septembre derniers passés.

En tesmoingt de ce, nous auons signé ced. roolle de nostre main, et fait sceller du scel de nos armes (²), les jours et un dessusd.

Estyenne MAKANAM.

En la presence de moy Anthoine du Haultboys, controlleur des mortes payes..... tous lesd. dix hommes d'armes et quatre-vingts hommes de traict..... ont confessé avoir eu et receu de Guillaume Blaru..... le compte..... desd. dix hommes d'armes et 80 hommes..... la somme de quinze cens livres tournois pour leurs gaiges et soulde..... dix liuvres tournois à chacun desd. dix hommes d'armes par moys, et cent sols tournois à chascun desd. hommes de traict, aussy par moys. De laquelle somme..... ils se sont tenus et tiennent..... pour bien payés..... le 27me novembre 1491.

DUHAULTBOYS.

(¹) Le 23 avril 1491 fut passée à Bordeaux, par le même commissaire, une montre de la même compagnie (*Bibl. nat., Manuscrits, Fonds français*, vol. 21501, f° 400). Nous avons porté entre crochets [] les variantes contenues dans cette montre où l'on retrouve quelques noms nouveaux : Pierre Painot dit Foucault, Grantjehan de Sert, Mintjon de Puyaulx, Pierre de Lacourt, Peyrot de Bassabat, Phillippot Le Conte, Bernard de Casemajour, Ramond Bernier, Jehannot de Mons, Colas Seudy, Petit Guilhem.

(²) Ce sceau a pour légende : *Scel d'Estienne Makanam*, et se compose d'un écu penché timbré d'un heaume, taré de profil, sommé d'un cimier représentant une tête de licorne; l'écu est supporté par deux griffons, et a pour meubles : deux cornes de cerf affrontées, celle de sénestre inversée, et un croissant posé en chef entre les deux cornes.

MONTRE passée à Saint-Macaire par Jehan de Laperia, chevalier, sieur d'Artigue-Fontaine, commissaire ordinaire des guerres, d'une compagnie des ordonnances du Roi, commandée par M. d'Assier. 22 Mars 1541.

Bibliothèque nationale. Manuscrits : *Fonds français,* t. 21518, f° 1583.

Roolle de la monstre et reveue faicte à Sainct-Macaire en Bazadois, le vingt-deuxiesme jour de mars l'an mil cinq cens quarante et ung, de quarante hommes d'armes et cinquante-sept archiers, du nombre de quarante lances fornies des ordonnances du Roy, nostre syre, estans soubz la charge et conduicte de monsieur d'Assier, cappitaine, sa personne comprinse, par nous Jehan de Laperia, chevalier, sieur de Hartigue-Fontaine, commissaire ordinaire de la guerre, commis et ordonné pour faire lad. monstre et reveue; icelle servant à l'acquit de maistre Vincent Delacroix, paieur desd. quarante lances servies pour les quartiers d'octobre, novembre, decembre mil cinq cens quarante et ung. Desquels hommes d'armes et archiers les noms et surnoms cy après s'ensuyuent.

HOMMES D'ARMES

Monsieur d'Assier, cappitaine.
Gaspard de Tavannes, lieutenant.
Anthoine de Terride, enseigne.
Anthoine de Perrnayt, guydon.
Anthoine de Fressinet, marechal des logis.

HOMMES D'ARMES, *grant paye.*

Jehan de Polastron.	Françoys de Lessons.
Anthoine de Bouset.	Pierre de Banges.
Jehan de Paresols.	Gabriel de Goust.
Bernard de Morelle.	Françoys de Chamailh.
Thomas de Pressat.	Abel de Milly.

AULTRES HOMMES D'ARMES, *petite paye.*

Guillaume de Capderousse.	Jehan Dupert.
Jacques de Sallevert.	Beget de Roquemorel.
Anthoyne de La Traynne.	François de Morillon.

Jehan de Rivon.
Le bastard d'Estaing.
Gilbert Dastos, *dict* Milles.
Adam de Lestaing.
Anthoine de Davennes.
Léonard de Besons.
Pierre de Cafart.
Anthoine de Courtguilhoret.
Olivier de Perinbert.
Bernard de Curet, *dict* Bothon.

Jehan de Damas.
Joachin Thomas.
Bernard de Marignan.
Anthoine de Lapoujade.
Hermant Raffin, *dict* Pericard.
Mathurin de Loddes.
Jehan de Bourdeaulx.
Jehan de Forges.
Loys de Saigues.

ARCHERS, grand paye.

Jehan de Gentres.
Charles de Labarre.
Jehan Vidinne (?), *suisse.*
Le bastard de Fressince.
Jehan de Saint-Martin de Mer.
Arnault Bernier.
Anthoine de Saint-Germain.
Arnault de Fourroux.
Pierre Duboys.
Françoys de Paresols.
Bonaventure de Lhomaigne.
Jehan de Latousche.
Bongine de Sailhac.
Estienne d'Olnyn.
Pierre de Perchimbert.
Charles de Chanteville.
Denys de Lanescrau.
Arnault d'Estresses.
Géraud de Rampe.

Pierre de Cales.
Jacques de Fresne.
Pierre de Labarre.
Françoys Vaulnier.
Anthoine de Villars.
Jaques Bart, *trompette.*
Françoys Chapelles.
Pierre de La Forge.
Jehan Estang, le jeune.
Le bastard de Coulombert.
Grégoire de Saignon.
Guillaume de Lagouge.
Jehan de Tulleryt, *dict* Famille.
Guillaume de Calmirat.
Gaston Duport.
Le jeune Colombert.
Jehan Dumant, *fourrier.*
Auriac de Villeneuve.

ARCHIERS de la petite paye.

Pierre de Rommé.
André de Courselles.

Jehan Paignon.
Hector Chamart.

Pierre Perperal.
Jehan Rue.
Jehan de Cardaillac.
François Cheron.
Juques de Vanzay.
Symon Delperey, *dict* l'Agenes.
Jehan de Mellet.
Anthoine Vertulot.
Françoys Gymbal.
Loys du Fresne.
Jehan de Ceon.
Loys de Raillac.

Pierre de Garrigue.
Pierre de Rocard.
Loys de Mylac.
Françoys de La Follenye
Jehan Bart.
Ardouyn de La Binière (?).
Anthoine de Peniche.
Mathieu Brossos.
Jehan de Monclairac.
Marc de Laduguye.
Jehan de Campbniat.
Annet de Labastide.

Nous Jehan de Laperia, chevalier, seigneur de Hartlegue Fontaine, commissaire dessus nommé, certiflons à nos sieurs les gens de Compte du Roy, nostre syre, à Paris, et tous aultres qu'il appartiendra, avoir veus et visités par forme de monstre et reveue en rolle, tous les dessus nommés, et ecripts, quarente hommes d'armes, et cinquante-sept archiers, du nombre de quarente lances fornies des ordonnances du Roy, nostre syre, et estans soubz la charge et conduicte de monsieur d'Assier, leur cappitaine, sa personne y comprinse; tous lesquels nous avons trouvés en bon et suffisant estat, en habillement de guerre pour le service dud. Seigneur, au faict de la guerre et par tout ailleurs où il luy plaira les employer, cappable de recevoir et prandre les gaiges et soulde à eulx ordonnés par led. Seigneur pour les quartiers d'octobre, novembre, decembre, mil cinq cens quarente et ung. En tesmoingt de ce, nous avons signé ces presentes de nostre main, et à icelles faict appozer le scel de nos armes, le vingt-deuxiesme jour de mars, l'an mil cinq cens quarente et ung.

DELAPERIA.

(Le sceau, en papier, représente une légende effacée entourant un écu chargé d'un chevron accosté en chef de deux étoiles, surmonté d'un heaume taré de profil et orné de ses lambrequins.)

17 Novembre 1668.

ARRÊT de maintenue du Conseil d'État concernant la famille d'Arlot.

Archives du château de Cumond (Dordogne), au marquis de Cumond et de Frugie.
Communiqué par M. Leo Drouyn.

Arrest du Conseil qui maintient dans la callité de nobles Jacques et Hélies Darlots, escuyers, seigneurs de Frougie (¹) et de Sainte-Marye (²), avec leurs enfans et postérité.

. Extraict des registres du Conseil d'Estat.

Veu au Conseil du Roy : les arrests randus en iceluy les 22° mars et 14° octobre 1666; lettres patentes sur iceux expédiées aux sieurs commissaires généraux dud. Conseil, députés par Sa Majesté pour la recherche des usurpateurs du tiltre de noblesse, et au sieur Foucault, procureur général du Roy en lad. commission, des 14° may, 20° septembre et 14° octobre aud. an 1666; et autres lettres patentes et arrets donnés pour l'exsécution des déclarations de Sa Majesté des huit febvrier 1661, 22 juin 1664 et autres précédantes; la requète présantée par Jacques Arlot, seigneur de Freugie, La Coussière, Saint-Saud (³), Sainte-Marie, La Valouze (⁴) et autres places, et Helie Arlot de Frougie, escuyer, seigneur de Sainte-Marye, Cumond (⁵), Sallebœuf (⁶) et autres places, frères, contenant entre autres choses qu'ayant esté assignés par devant le sieur de Montauzon, commissaire subdelegué dans l'eslection de Périgueux par le sieur Pelot, intendant en Guyenne, pour la représentation de leur tiltres de noblesse, ils y auroient satisfait. Et lesd. tiltres ayant esté communiqués au préposé, pour accorder et contester à la validité ou invalidité des tiltres, il auroit consanty que les supplians fussent maintenus en leur noblesse. Sur quoy led. sieur commissaire subdélégué, par son jugemant du 20° novembre 1666, auroit donné acte dud. consentemant, et ordonné que les tiltres produits par les supplians, et par luy vérifiés et paraphés, seroient randus aux supplians, et que l'inventaire d'iceux, arbre de filiation et armoiries, signés des parties et de leur procureurs, demeureroient pour estre envoyés au sieur Intendant. Néantmoins au préjudice de ce, les susd. supplians auroient encores esté assignés pour le mesme fait, par devant le sieur Bodin, commissaire subdélégué dud. sieur Intendant au lieu et place dud. sieur de Montauzon, ce qui est une pure vexation :

à ces causes requerroient les suppllans qu'il pleust à Sa Majesté ordonner que le jugemant du sieur de Montauzon du 20° novembre 1666 seroit exécuté, et iceux deschargés de l'assignation à eux donnée par devant le sieur Bodin, le 23° may 1667, et de tout ce qui pouroit estre fait en conséquance; ce fuysant, qu'ils seroient maintenus en leur noblesse, avec deffance à toutes personnes de les y troubler; arrest du Conseil du 7° juillet 1667 intervenu sur lad. requeste, portant renvoy d'icelle aud. sieur Pellot, intendant, pour donner advis à Sa Majesté sur les conclusions de lad. requeste dans deux moys, et son advis veu et rapporté aud. Conseil, estre ordonné ce que de raison, et ce pendant, sursis à toutes poursuittes par devant led. sieur Bodin; commission obtenue sur led. arrest led. jour sept juillet 1667; acte de signification faitte dud. arrest aud. sieur Bodin et à maistre Nicolas Catel, préposé à la recherche desd. usurpateurs de noblesse en la province de Guyenne, du 29° dud. moys de juillet 1667; requette présantée aux sieurs commissaires généraux du Conseil par led. Catel, à ce qu'attandu que le délay de deux moys, porté par led. arrest du Conseil, estoit espiré, lesd. Arlots fussent déclarés descheux de l'effet de lad. requette, ce faisant, ordonné que les poursuittes, contre eux faittes, seroient continuées, signifiée à maistre de Rupin, advocat desd. Arlots, le premier octobre 1667; autre requette desd. Arlots signifiée à maistre Hadoul, advocat dud. Catel, le 8° dud. moys et an; ordonnance des sieurs commissaires généraux du Conseil du 12° novembre 1667, par laquelle lesd. Arlots sont renvoyés par devant le sieur Pelot pour produire au greffe de sa commission les tiltres et pièces justificatives de leur noblesse, estre communiqué aud. Catel, et par luy fournir et contredire par devant led. sieur Pelot, et sur le tout donner son advis pour estre par luy envoyé aud. Conseil, conformémant a l'arrest du Conseil dud. jour sept juillet 1667 et fait droit aux parties ainsin que de raison, signifiée aud. Catel le 24° dud. moys de novembre 1667; requette présantée par lesd. Arlots au sieur Pelot aux fins de lad. ordonnance cy dessus, au bas de laquelle est son ordonnance du 8° janvier 1668 portant que lesd. Arlots rapporteront leurs tiltres devant le sieur de Nort, advocat du Roy au bureau des Finances de Bourdeaux, lesquels seront contredits par led. Catel, pour, ce fait et l'advis dud. sieur de Nort par devers luy rapporté, estre ordonné ce que de raison; le

procès verbal du sieur de Nort et la représentation faitte devant luy par
lesd. Arlots de leurs tiltres de noblesse avec son advis sur iceux du
20 febvrier 1668; l'advis du sieur Pelot du 13° may 1668 portant qu'il y
a lieu de maintenir lesd. Arlots en leur noblesse; ordonnance desd. sieurs
commissaires généraux du Conseil du cinq juillet dernier par laquelle
est ordonné que les tiltres et pièces desd. Arlots concernant leur noblesse,
avec le procès verbal et advis dud. sieur Pelot, seront remis au greffe de
lad. commission générale pour estre communiqués au procureur général,
et fait droit sur le tout aux parties ainsin que de raison, signifiée
à maistre Audoul, advocat dud. Catel, le 9° du moys de juillet dernier;
l'invantaire de production des tiltres et pièces desd. Arlots par lequel
et par leur généalogie ils articulent estre desçandus de noble Jan Arlot,
escuyer, sieur de Freugie, leur quart ayeul, mary de damoiselle Catherine
de La Motte (7), desquels est issu noble Pierre Arlot, damoyseau, escuyer,
sieur de Freugie, trisayeul, lequel epousat damoiselle Anne de Maul-
mont (8), dont est sorty Jean Arlot, escuyer, sieur de Freugie, bisayeul,
qui at epousé damoiselle Anne du Genest (9), dont est sorty Jacques Arlot,
aussy escuyer, sieur de Freugie, ayeul, lequel epousat damoiselle Magde-
laine de Chapelle de Jumilhac, dont est sorty Antoyne Arlot, escuyer,
sieur de Freugie, gentilhomme ordinaire de la chambre du Roy, leur père,
qui at epousé damoiselle Marie Coustain du Masnadaud (10), dont est issu
lesd. Jacques et Helie Arlots, frères, produisans. Pour la justification de
laquelle généalogie est rapporté :

Sur le premier degré dud. Jean Arlot, quart ayeul : contract de
mariage en latin, passé entre noble Jean Arlot, escuyer, seigneur de
Freugie, d'une part, et damoiselle Catherine de Motte d'autre, en datte
du 12 may 1480;

Sur le deux degré dud. Pierre Arlot, trisayeul : contract de mariage
en parchemin, passé devant notaire en Périgord le 20 juillet 1549, entre
noble Pierre Arlot, damoyseau, sieur de Freugie, fils de feu Jean Arlot,
sieur de Freugie, d'une part, et damoyselle Anne de Maulmont d'autre;
la grosse en parchemin du testamant de noble Pierre Arlot, escuyer,
passé devant de Chapelles, notaire en Périgord, du 3° apvril 1549, par
lequel entre autres choses led. Arlot desire d'estre enterré aux tombeaux

de ses prédécesseurs et au lieu où feu noble Jean Arlot, escuyer, sieur dud. Freugie, at esté enterré, et institue son heritier universel Jean Arlot son fils naturel et legitime, et de damoiselle Anne de Maumont sa femme.

Sur le trois degré dud. Jean Arlot, bisayeul : contract de mariage en parchemin, passé devant de Chapelles, notaire en Périgord, le 15 novembre 1551, entre Jean Arlot, escuyer, fils de noble Pierre Arlot, escuyer, sieur de Freugie, et [de] damoiselle Anne de Maumont d'une part, et damoiselle Anne du Genest, fille de noble Pierre du Genest, escuyer, d'autre ; deux actes en parchemin exercés devant le juge ordinaire de Courbaffin *(Courbefy)*, le 22 juin et 13 septembre 1543, dans lesquels Jean Arlot est denommé et qualifié escuyer ; autre acte en parchemin exercé devant le juge de Courbaffin du 9° janvier 1571 entre noble Raymond de La Romagère, escuyer, d'une part, et Jean Arlot, escuyer, sieur de Frugie, d'autre ; procès verbal fait devant le juge de Courbaffin, du 18 mars 1572, contenant les contestations d'entre Jean de Saint-Martin, escuyer, sieur du Brueilh, et Jean Arlot, escuyer, sieur de Freugie, pour les honneurs de pain benist de l'église du bourg de Freugie ; une enqueste faitte par ledit juge de Courbaffin, le 30 d'apvril 1572, à la requeste dud. Jean Arlot, escuyer, sieur de Freugie, sur les différens d'entre luy et led. de Saint-Martin, de laquelle résulte entre autres choses que : Pierre et Jean Arlots, père et ayeul dud. Jean Arlot, avoient toujiours vescu noblement comme nobles d'extraction ; deux santances dud. juge de Courbaffin randües entre led. Jean de Saint-Martin, escuyer, d'une part, et Jean Arlot, escuyer, seigneur de Freugie, d'autre, des 15° octobre 1572 et 10 janvier 1573.

Sur le quatriesme degré dud. Jacques Arlot, ayeul : le testament de noble Jean Arlot, escuyer, sieur de Freugie, passé devant Saint-Pardoux, notaire royal, le onziesme décembre 1578, par lequel entre autres choses led. Arlot déclare vouloir estre ensevely dans l'église parroissiale dud. bourg de Freugie, dans les tombeaux de feu Pierre Arlot, escuyer, sieur de Freugie, son père, et institue ses heritiers Jacques et Antoine Arlots, escuyers, ses enfans, et de damoiselle Anne du Genest, sa femme ; information faitte par devant led. juge de Courbaffin le deux juin 1592, à la requeste dud. Antoine Arlot, escuyer, contenant la deposition de plusieurs témoins, que les gens de guerre, en lad. année, auroient pillé le chasteau de Freugie et bruslé tous les titres et papiers d'iceluy ; arrest du parlement de Bourdeaux du deux apvril 1605 randu entre Jacques Arlot, escuyer, seigneur de Freugie, d'une part, et Louys Ouzeau et ses consorts d'autre ; contract passé devant Grandcoing, notaire royal, le 20 janvier 1600, par lequel les parties y dénommées reconnoissent tenir, en tout droit de fondalité et directité, les biens y mantionnés de noble Jacques Arlot, escuyer, seigneur dud. lieu de Freugie et de La Valouze ; le testament de Jacques Arlot, escuyer, seigneur dud. lieu de Freugie, par lequel, entre autres choses, il institue son héritier Antoyne Arlot, escuyer, sieur de La Valouze, son fils, et de damoiselle Magdelaine de La Chapelle de Jumilhac, sa femme, passé devant Bouyer, notaire royal en Perigord, le 10 septembre 1607 ; le codicille dud. Jacques Arlot, escuyer, seigneur dud. lieu de La Valouze, passé devant led. Bouyer, notaire, le 17 octobre 1607 ; acte exercé devant le juge de Périgord le 27 aoust 1607 ; coppie d'arrest du Grand-Conseil du six juillet 1607, signifiée à Antoyne et Jacques Arlots, seigneurs de Freugie.

Sur le cinquiesme degré dud. Antoyne Arlot, père desd. Jacques et Helie Arlots produisans : le contract de mariage d'Antoine de Freugie *(sic)*, escuyer, sieur dud. lieu de La Valouze, avec damoiselle Marie de Coustain, passé devant Garreau, notaire en Périgord, du 7ᵉ juillet 1608 ; certificat du sieur marquis d'Escars *(des Cars)*, premier gentilhomme de la chambre du Roy, comme [quoi] Antoyne Arlot, sieur de Freugie, est gentilhomme ordinaire de la chambre de Sa Majesté, du 9ᵉ may 1617 ; lettres patantes des foy et hommage faits à Sa Majesté, ès mains du sieur de Marillac, garde des sceaux de France, par Antoyne Arlot de Frugie, escuyer, sieur dud. lieu, pour raison de la terre, seigneurie et justice de La Coussière, en datte des 16 juin 1626 ; arrêt d'appointé du parlement de Bourdeaux du 26 septembre 1628, randu entre maistre Pierre Merle, lieutenant de la jurisdiction de Vieslecour (¹¹) d'une part, et Antoyne et Jean Arlots, escuyers, d'autre ; commission obtenüe sur led. arrest par lesd. Antoyne et Jean Arlots, escuyers, led. jour 25 septambre 1628 ; enqueste faitte en conséquence dud. arrest cy dessus par maistre Jean Vallier, lieutenant du comté de Périgord et vicomté de Lymoges, du 16 octobre 1628, de laquelle résulte par déposition des témoings que led. Antoyne Arlot, escuyer, sieur

de Freugie, et ses prédécesseurs, ont tousjour vescu noblement, et tenus
et reputés pour nobles; arrest du parlemant de Bourdeaux du 28° juin
1630, randu entre led. Pierre Merle d'une part, et lesd. Jean et Antoyne
Arlots, escuyers, sieurs de Firbeix (11) et de Freugie, d'autre; commission
obtenue sur led. arrest du 0 juillet 1630; procès verbal fait en consé-
quence dud. arrest cy dessus par maistre Jean Vallier, lieutenant du comté
de Périgord et vicomté de Lymoges, du xi juillet 1630, par lequel il apport
que dans l'église de Saint-Pierre de Freugie, proche le grand autel, il
y at une colonne dans laquelle dans une pierre sont gravés ces mots :
nobilis Guillelmus Arlotus, fondator ecclesiæ sancti Petri de Fracto Jove, 1347;
arrest contradictoire de la cour des Aydes de Bourdeaux, du 13 sep-
tambre 1640, par lequel, sans avoir esgard à l'instance dud. Merle, du
consantemant du Procureur général, est ordonné que les tiltres dud.
Antoyne Arlot, escuyer, seront enregistrés au greffe de lad. cour, pour
par luy jouyr des privilèges, immunités et exemptions accordées à la
noblesse avec deffances aux cottisateurs dud. lieu de Freugie, pour lors en
charge, de contester aud. d'Arlot la qualité de noble, à peine de BC *(sic)*;
un imprimé du réglemant sur la convocation de l'arrière-ban du 17 jan-
vier 1639; extrait du procès verbal fait au siège de Périgueux, le 16 apvril
1639, en exsecution dud. réglemant cy dessus, par lequel messire Antoyne
Arlot de Freugie, chevalier, seigneur aud. lieu, est deschargé de la contri-
bution au ban et arrière-ban, attandu le service que randoit Elie de
Freugie, escuyer, sieur de Saincte-Marye, son fils en qualité de capitaine
dans le régiman du sieur de Mommege; jugemant du sieur de Suduiraud,
conseiller au parlemant de Bourdeaux, et commissaire pour la confirmation
de l'examption des droits des francs-flefs, du 18 mars 1641, intervenu sur
l'assignation donnée à Antoyne Arlot de Freugie, escuyer, sieur dud. lieu,
Sainte-Marye et autres lieux, pour représanter ses tiltres de noblesse, par
lequel, après la représentation par luy faitte desd. tiltres, iceluy Arlot est
deschargé de lad. assignation, et en conséquance, du consentemant du
procureur du Roy, déclare led. Arlot comme noble d'extraction, exampt
de payer aucune somme pour les droits de confirmation de l'examption
des francs-flefs, tant et si longuemant qu'il vivroit noblement et ne fairoit
acte dérogeant; arrest du Conseil d'Estat du 12 septambre 1642, par

lequel, sans s'arrester à un jugemant donné par défaut à l'encontre dud. Antoyne Arlot, escuyer, led. Arlot est déclaré noble de race, conformément aud. arrest de la cour des Aydes de Bourdeaux, et jugement dud. sieur de Sudulraud; autre arrest du Conseil du x décembre 1642, par lequel led. Antoine Arlot de Freugie, escuyer, est deschargé comme noble de race, du payement des tailles et impositions généralement quelconques, faisant deffances aux esleus de Périgueux et recoveurs des tailles de lad. eslection de faire aucunes poursuittes et contraintes à l'encontre de luy, pour raison de ce, à peine de M L. d'amande,

Sur le six degré desd. Jacques et Hélie Arlot, frères, produisons : contract de mariage en parchemin, passé devant notaire en Angoulesme le 17e febvrier 1643, entre messire Jacques Arlot de Freugie, chevalier, seigneur baron de La Coussière, fils de messire Antoyne Arlot de Freugie, chevalier, seigneur dud. lieu, et de dame Marie Coustain d'une part, et dame Suzanne de la Rochefoucaud d'autre; l'expedition en papier du contract de mariage de messire Hélie Arlot, chevalier, seigneur de Saincte Marie, fils de messire Antoine Arlot de Freugie, chevalier, seigneur dud. lieu, avec damoiselle Françoyse de Baudet (18), passé devant La Rivière, notaire, le 21 juin 1654; commission de capitaine d'une compagnie dans le régimant de Mommetge en faveur du sieur de Sainte Marie du 19e may 1639; certificat du sieur comte de Colligny des services randus par le sieur de Sainte Marie de Freugie, du doux octobre 1639; certificat du sieur marquis de Gesvres, capitaine des gardes du corps du Roy, comme le sieur de Freugie, fils dud. Jacques Arlot, sert actuellement dans l'une des compagnies des gardes du corps de Sa Majesté, du 13e juillet 1667; autre certificat du sieur marquis de Gesvres (disant) que led. sieur de Freugie, garde du corps de Sa Majesté, aurait été tué au siège de Lisle en Flandres, du 6 octobre 1667; autre certificat du sieur comte d'Armagnac du 1er juillet 1668, comme le sieur de Freugie at esté l'un des pages du Roy; les roollés des tailles de la paroisse de Freugie des années 1590, 1598, 1601, 1606, 1608, 1609, 1612, 1613, 1614, 1616, 1618, 1619, 1621, 1622, 1624, 1626, 1628 et 1629, dans lesquels les sieurs de Freugie sont employés comme exampts; le blazon des armes de la mayson d'Arlot de Freugie porte : *d'azur à* (14) ——————— ; acte fourny par led. Catel, commis à la recherche des usurpateurs de noblesse en Guyenne, par lequel il déclare se rapporter aux sieurs commissaires généraux dud. Conseil, d'ordonner ce qu'ils adviseront bon estre sur la noblesse desd. Arlots, signifiée à maistre de Rupin, leur advocat, le sept aoust 1668; conclusions du Procureur général du Roy en lad. commission :

Ouy le rapport du sieur Marin de La Chastaigneraye, conseiller du Roy en ses Conseils, maistre des requestes ordinaire en son hostel, commissaire ; et communiqué aux sieurs commissaires généraux dud. Conseil, et tout considéré,

Le Roy en son Conseil, ayant esgard à l'advis du sieur Pelot, commissaire desparty ès généralités de Guyenne, du troiziesme may mil six cent soixante-huit, a maintenu et gardé, maintient et garde lesd. Jacques Arlot sieur de Frougie, La Coussière, et Helie Arlot de Frougie sieur de Saincte Marie, frères, leurs successours, enfans et postérité, naiz et à naistre en légitime mariage, en la qualité de nobles et d'escuyers ; a ordonné et ordonne qu'ils jouyront de tous les privilèges, honneurs et exemptions dont jouyssent les gentilshommes du royaume ; faisant sa Majesté deffances aud. Catel et tous autres de les y troubler, tant et si longuement qu'ils vivront noblemant, et ne fairont acte dérogeant à noblesse ; et pour cet effet, que lesd. Jacques, et Helie Arlots seront inscripts dans l'estat et catalogue des gentilshommes, qui sera arresté au Conseil et envoyé dans les baillages et eslections du royaume, en conséquence de l'arrest dud. Conseil du vingt-deux mars mil six cent soixante-six.

Fait au Conseil d'Estat du Roy tenu à Paris le dix-septiesme jour de novembre mil six cent soixante-huit. Collationné : signé Bochameil.

Le 21 novembre mil six cent soixante-huit signifié et baillé copie à Audoul, advocat de la partie adverse, parlant à son clerc en son domicille, à Paris, par moy, huissier ordinaire du Roy, en ses Conseils, soussigné.

PARANJON.

Enregistré au greffe de l'Election de Périgueux le 20e décembre 1669

Robert, greffier.

(1) Frugie, fief relevant de la couronne, avec haute, moyenne et basse justice sur la paroisse de Saint-Pierre-de-Frugie (canton de Jumilhac, Dordogne).

(2) Sainte-Marie-de-Frugie, commune du canton de Jumilhac.

(3) La Coussière, baronnie avec arrière-fiefs, et haute justice sur les paroisses de Saint-Saud et de Champs-Romain (canton de Saint-Pardoux-la-Rivière, Dordogne).

(4) La Valouze, justice seigneuriale prenant son nom d'un ruisseau, et s'étendant en partie sur Sainte-Marie-de-Frugie et Saint-Priest-les-Fougères (canton de Jumilhac).

(5) G[illegible], fief avec haute, moyenne et basse justice sur la paroisse de ce nom (canton [illegible] Aulaye, Dordogne).

(6) S[illegible], arrière-fief dépendant de la seigneurie de Cumond.

(7) Fille de [illegible] François de La Motte, damoiseau, de la ville de Châlus-Chabrol (*Bibl. Nat., Mss. F. Périgord, 104*). — Jean Arlot descendait sans doute de Guillaume Arlot, qui en 14[..] rendit hommage pour son hôtel noble de Frugie au comte de Périgord (*id., F. [illegible].*)

(8) Anne de Maumont, [illegible] fille d'Antoine, panetier de Charles VII.

(9) Le [illegible] patronymique est *Croizant*; le [illegible] est un fief.

(10) Fille de Jean de Coustin et de [illegible] de Jussac d'Ambleville.

(11) Vieillecour, fief de la paroisse de Saint-Pierre-de-Frugie, appartenant à la famille Meunier de P[illegible].

(12) Firbeix, fief avec justice sur la paroisse de ce nom (canton de Saint-Pardoux, Dordogne).

(13) Elle était fille de Suzanne de Losse, et descendait trois fois de Saint-Louis.

(14) D'azur à 8 étoiles d'argent rangées en fasce, accompagnées en chef d'un croissant de [illegible], et en pointe d'une grappe de raisin aussi d'argent, feuillée et tigée de sinople.

Périgueux. — Impr. G. Gounouilhou, rue Guiraude, 11.